Tagträume Ablandig

Hans - W. Vogelwiesche wurde 1953 in Gelsenkirchen geboren. Studierte Musik in Hamburg.
Seit 1980 Orchestermusiker (Klarinette)
Lebt mit seiner Familie in Ammersbek in Schleswig-Holstein.

Bisherige Veröffentlichungen:

Im Abseits   bei Bod

Die Teilung bei Bod

Hans-Werner Vogelwiesche

Tagträume Ablandig

Bibliografische Information der Deutschen Nationalbibliothek:
Die Deutsche Nationalbibliothek verzeichnet diese Publikation
in der Deutschen Nationalbibliografie; detaillierte bibliografische
Daten sind im Internet über http://dnb.dnb.de abrufbar.

© 2013 Hans-Werner Vogelwiesche

Illustration: **Hans-W. Vogelwiesche**

Herstellung und Verlag: BoD – Books on Demand, Nor-
derstedt

ISBN: 9783732238552

Inhaltsverzeichnis

Tagträume Ablandig

Tagediebe

Der Tag ist weg.

Spurlos verschwunden.

Irgendjemand hat uns den Tag gestohlen.

Nicht nur beiseite gestellt...

oder aufgespart für schlechte Zeiten.

Nein!

Regelrecht geklaut!

Es waren Tagediebe in der Stadt!

Sie müssen hier gewesen sein.

Und niemand hat etwas bemerkt.

Gestern noch...war alles beim Alten,

....gestern,

wer hätte gedacht,

dass es das letzte Gestern war?

Gestern war der letzte Tag.

....der letzte Tag!

Heute vermag keiner das Dunkel zu durchdringen.

Heute reflektiert die Dunkelheit kein Licht.

Heute ist nichts mehr so wie es war.

Es hätte wohl keiner für möglich gehalten,

dass der Weltenlauf keine Garantie ist.

Niemand hätte geglaubt, dass die Lichtschalter

nicht mehr schalten würden.

Wir müssen uns umstellen...

Wir müssen ohne Tag existieren...

Wir müssen…

Es waren Tagediebe in der Stadt!

Die andere Seite lächelt

Da kippt der Alte um als wär Krieg
Dabei ist lediglich seine Zeit abgelaufen
Er war reif für die Grube
Doch er mochte das nicht glauben

Bis zu diesem Zeitpunkt
Ging er als Unsterblicher durch die Welt
Durch Zeit und Raum
Jetzt stolpere ich über seinen Kadaver

Ich sehe ihn an
Und das Leben bricht aus ihm heraus
Herzlichen Glückwunsch Alter
Du bist mir eine Straße voraus

Liege ruhig Alter

Bewege dich nicht mehr

Welcher Gedanke war dein letzter

Du hast zu viel für die anderen getan

Die stolpern nun über dich

Deine Wünsche sind blass

So welk wie deine Haut

Und so tot wie deine Augen

Ich sehe zur anderen Straßenseite

Und gehe weiter

Nachdem die Ampel

Auf grün geschaltet wurde

Nur, von wem?

Das kleine blonde Mädchen

Dreht sich zu mir um

Und grinst

Berührungsängste

Die Zeit ist noch nicht reif

Doch – der Moment wird kommen

Dick auftragend

Oder zärtlich zurückhaltend

Das Fieber steigt

Die Beklemmung wird beängstigend

Alles ist angespannt

Leises Plätschern im Krater

Luftblasen

Gleich Schweißperlen auf der Stirn des Vulkans

Ich fühle das säuselnde Gespinst

Der Luft in meinem Gesicht

Dann wird der Hauch zur starren Säule

Druckwellen

Abwenden?

Nein!

Dagegen stemmen?

Absätze in den Boden!

Bereit sein

Ich habe mich doch vorbereitet

Auf diesen Augenblick vorbereitet – oder?

Kein Zweifel mehr, es wird geschehen

Gleich wird es soweit sein

Unglaubliche Szenen der Angst

Der Augenblick –

Der verzweifelte Versuch

Die Vergangenheit zu ergreifen

Gewaltige urwüchsige Kräfte

Geballte Macht

Alles vereint sich

Und macht den letzten Schritt

Es kommt über mich

Es strömt in mich

Es ergreift Besitz von mir

Zerreißt mein Innerstes

Und löscht Träume aus meiner Seele

Den Körper auflösend

Meinen Geist fortreißend

Entlädt der Orkan

Jegliche Phantasie zertrümmernd

Leere…

Keine Gedanken

Keine Dunkelheit

Kein Licht

Nur geräuschlose Töne

Die Ewigkeit hatte ausgeatmet

Und urplötzlich tief und schmerzlich Luftgeholt

Ich wurde dabei berührt

Ja!

Aber –

Von wem?

Es war Liebe

Ein winzig kleines Lied

Der Ruf eines zarten Vogels

Der Flügelschlag eines Zitronenfalters

Der letzte Atemzug deiner Hingabe

Die Hände öffnen sich

Streicheln sich ein letztes mal

Eine blasse Melodie

verschließt die Herzen.

Still zerbricht eine Liebe.

Der süße Geruch deines Nackens

ist längst verflogen.

Ich atme deinen Duft nicht mehr.

Der Prinz

Ich habe nie
Eine Musstulle bekommen.
Mir fehlt etwas im Leben
Auf Barrikaden
Und im Reiche
Der Erkenntnis.
Der Prinz nur
Musstullen verzehrend
Sich verbeugen wollend
Ohne abzutreten
Ohne Finger auf den
Zeigen
Der frisst.

Der Tod der Musik

Kannst du dich erinnern,

welcher Duft

beim Anblick der Musik aufstieg

als du die Herzen gebrochen

und die Zukunft verlacht hast?

Weißt du noch,

wie die Kantilene durch die Windungen

unserer Gehirne strömte

und der Hauch der Zerbrechlichkeit

sich über die Pulte beugte,

als jeder kleinste Schatten

zu hören war

im innersten

und selbst der Gedanke lärmte.

Weißt du noch,

als die Note

zu Boden fiel

und alle nach unten schauten

um den letzten Pulsschlag

zu spüren;

den Tod der Musik.

Brüderlein und Schwesterlein

Da sind sie einst losgerannt
Aus Afrika.
Der Wiege Mensch
Sie besiedelten den Rest

Viele Jahre später
Kommen die Nachfahren
Und die Vorfahren sagen:
Wir wollen euch nicht!

Geht doch dahin zurück
Wo ihr
Hergekommen seid!

Berber…

…Heinrich ausgestopft und in Gedanken ge-
fasst
Die Hand fehlt mir
Bei meinem täglichen Besuch
Wir wurden befreit.
Wir edlen und rechtschaffenden
Kein Gerstenkorn welches unser Auge stört
Nur unser zweifelhafter Glanz
Der Gang fehlt mir
Meinem täglichen Leben entzogen
Wir wurden befreit.
Wir hohe und höhere
Kein Stöhnen kreuzt unsere Wege
Nur glattpolierte Flächen
Der Geruch fehlt
Der tägliche Geruch der Straße

Wir wurden befreit.

Wir wohlduftenden

Nichts, was unsere Sinne stört

Nur das Schnuppern am Ich

Wir wurden befreit.

Von schmutzigen Händen

Und schlurfendem Gang

Von stinkender Armut

Und kritischen Stöhnen

Wir sind endlich unter uns

Wir Wertvollen

Wir wurden befreit.

Doch andere werden Hände öffnen

Bittend um bürgerlichen Glanz

Und wir werden uns blind und taub stellen

Gegenüber fremden Bildern

Gegenüber fremden Klängen

Wir werden uns wieder befreien und

Hände abschlagen. Und lachend ausstopfen.

Gedankengänge

Deine Gedanken

spulen – spulen – spulen

seelenlose Körper

und geben Gestalt.

Geballte trübsinnige Nebelfelder in Ampullen

und feinsten Dosen.

Abgeschmeckt

und dankbar eingekerkert.

Umrissene Begleiterscheinungen

aus Märchen.

Fratzen ähnlich

wölbt sich Leben

um Kernloses -

Mantelförmig.

Baal

Krach und nochmals Lärm
Um Baal
Denn wer sich dergestalt
Preisgibt seinen Widersachern
Darf sich nicht wundern

Wir haben den falschen Mann
Alternativen bitte!
Wer macht den ersten Vorschlag?
Wer macht den Besten?
Wer übernimmt die Verantwortung?
Wer?

Steht auf ihr Helden!
Ruhe und mehr Ernsthaftigkeit
Bei euch da unten
Wer nimmt Baal die Last ab?

Wer macht es jedem recht?
Wer?

Gottleins Schleudersitz
Hat sich trotzdem gut gehalten
Alter Junge
Hast dich viel bewegen müssen. Da oben!

Und keiner von denen da unten
Honoriert das!
Undankbarkeitistderweltlohn

Also Leute wer möchte ran?
An Baals Thron
Wer will noch mal, wer hat noch nicht?

Auch wenn hier unten einiges rostet
Hier ändert sich nichts
Mond bleibt Mond

Mensch bleibt Mensch

Und

Baal bleibt Baal!

Frieden

Solang' noch Hoffnung in dir lebt

und du an dich hast Glauben;

Solang' dein Geist nach Geist noch strebt

und von des Glückes Stauden

die Liebe dir ein Tüchlein webt,

kann niemand dir den Frieden rauben!

Abgesang auf den Morgen

oder

Rattenfängers Traum

Vor dem Spiegel stehend, sah er sein Zerrinnen.
Die Klinge mähte und mit Kämmen und Bürsten geschmückt jubelt der Morgen und lechzt nach einer männlichen Gesichtsfarbe. Vor Ewigkeiten noch standen Blumen.

Krüppel einer Epoche der Gärtner. Themenschwere Glanzbilder von Rosenstöcken und ausgeblasenen Eiern an Holunderbüschen, unter denen der Zwerg steht. Hält sich an der Kanne fest. Die Macht der Nachbarn über den Bildhauer. Der nestelt an der Figur, die ist aus Gips.

Er prüft noch einmal den Inhalt. Sieht nochmals zum Spiegelbild. Erloschene Vulkane sind seine Augen – festgezurrt auf Rasierpinsel und

Handtuchhaken. Andere Dialekte hinter Spiegeln.

Selbst seit unserer letzten Begegnung. Die Welt lag in der Einöde. Ohne Chaos und ohne Blick ins Innere. Sie drehte sich leblos – ohne uns.

Unsere Gedanken schwebten frei.

Der letzte Strahl traf auf die Mauer und teilte Gesinnungen und Steine nach dem Abbruch.

Ich ziehe dich nicht mehr an – habe meine Narben übertüncht mit klaffenden Seelen und Hüten aus rosa Stroh.

Bunte Tücher sollt ihr um eure Häupter winden. Tücher aus Seide, mit den Farben der leidenden Seelen.

In jedem Krieg herrscht Gier nach nackter Angst. Der Gang der Muse nach dem Aufstehen. Morgens um sechs. Der Fluch des

Rattenfängers draußen auf der unbefahrenen Straße, die noch nass und bleich blinkt und blendet, sich windet wie ein weißer Hals.

Hauptmann der Reserve ausschließlich Ruh. Beweise, Beweise du kleines Stück Fleisch. Welche Beweise hast du? Uniform! Schwarze Uniform über schwerer Brust und leichtem Herzen beim Morden.

Jetzt, da wir uns einig und zweiig sind, jetzt darfst du mich anlächeln, anschmeicheln, darfst umfallen, das Bewusstsein verlieren.

Zwerge aus Gips mit kleinen blauen Kannen. Der Zar hatte sich beim Modellieren etwas gedacht. Tag und Nacht hat er sich etwas gedacht und dann entschied er sich für dieses sommerliche Blau.

Die Augen einer koketten Dirne in buntem Tuch. Ohne Köpfe keine Tücher – nur schwere Brüste mit schwarz darüber und darinnen.

Keine Köpfe. Und aus blauen Kannen quellen

dann die Farben einer ganzen Epoche.

Der Rattenfänger hat sein Nachtwerk vollbracht

und verschwindet in sein Nest aus bunten Blu-

men. Rattenfängerblumen. Neben dem Zwerg

der nun die Kanne schwingt, mit leichtem Grin-

sen um die Lippen. Blaue Kanne im schicken

braun.

Muse musst nun aufstehen, sonst Tag verpennt.

Sonst Rübe runter. Sonst keine bunten Tücher

mit Mustern. Rosa Stroh ausgebreitet über See-

len, die das Leiden verlernt haben. Schwingen

und singen:

Habt Acht

Habt Acht

Ich hab' euch

etwas mitgebracht

Es kracht

Es kracht

und hat die andern

tot gemacht

Morgens um acht

Morgens um acht

Stand ich am Grab

und hab gelacht

und hab gelacht

Rattenfängers Honigmund atmet schwer und

saugt zielsicher auf, ohne Unterschied.

Jetzt setzen die Wehen ein und wir kramen in

unseren Taschen nach geeignetem Werkzeug.

Finden dann eine kleine Flöte – das reicht uns.

Der bittersüße Moment des ersten Autos, wel-

ches über den verstaubten Hals schlendert – wie

eine Quelle ohne Pfropfen. Die Gedanken ver-

einigen sich nun in gemeinsamen Blicken.

"Chloe wurde von Piraten entführt" so schreit

es die Presse über unsere Köpfe hinweg.

"Pan nimmt die Verfolgung auf" Mach sie fertig! Auf auf ihr rechten Menschen und Pfaffen. Nebelfelder auf den Äckern der nackten Gedärme. Unsere Füße eingehüllt. Der Spiegel lügt nie. Es sagt uns mit aller Härte die grausame Geschichte vom Soldaten. Er durchpflügt mit seinen glänzenden Augen das Haar und strotzt vor Ironie.

Bunte Tüchlein wehen.

Spieglein, Spieglein an der Wand.

Stelle mich neben sie und sehe ein breites Grinsen. Sehe eine bleiche Geschichte. Sehe mich kaum noch. Bin eben kein Schöpfer. Habe alle Körper verloren. Durchpflüge ihre Gedanken.

Sie lächelt,

weil sie spürt und gestreichelt werden möchte.

Die Hände beten gierig.

Ihr Herz schlägt. Wassertropfen aus dem letzten Jahrhundert. Ihre treuesten Freunde sind am gestorbendsten. Lass die Hände beten. Lass die Lippen fluchen. Lass doch alles sein.

Sie bebt vor Gier nach Schutz, nach seinen leichten Schlägen, nach seinen leidenden Worten.

Im Fallen fühlt sie noch. Dann lebt sie kurz auf, wie aufkochende Milch und sinkt in sich zusammen. Dann sieht er noch die Blütenblätter schweben und dieses Loch. Ihre Seele zerplatzt und ihr Schmerz stinkt widerlich. Angeekelte Freunde aus dem letzten Jahrhundert. Der letzte Akkord in Moll.

Wir sehen uns an und denken verzweigt nach Hilfe rufend. Jede Geste, jeder Blick ein Prüfstein vor der Geschichte. Dann umfasst mich der Neid der kleinen Worte, der würgende Griff meiner Vergangenheit.

Dem Zwerg fällt die Kanne aus der Hand.

Der Rattenfänger lächelt süßer als bei der letz-
ten Rattenparade. Bunte Tücher sind stumpf
geworden, blasse Lippen singen:

Habt Acht

Habt Acht

Ich hätt' euch gern' was mitgebracht

Dann hat's gekracht

Dann hat's gekracht

Längst sind alle totgemacht

Was mir bleibt

ist wacht

ist wacht

am Grab

und laut gelacht

und laut gelacht

Tote Inschriften auf den Flüssen, auf den ewi-
gen Wassern des Seins. So wenig Mut, so wenig
Kulisse. Ein einsamer Tod! Ohne Beifall und

Rampenlicht und Bühne und nur die kleinen
Tüten mit Popkorn.

Die braven Bürger liegen im tiefsten Schlaf.

Keiner rafft sich auf.

Wir haben die Menschheit abgeschrieben.

Der kleine Kater an der Ecke wird getreten und
getreten.

Die Sonne hat ihre Bahn verändert. Sie zeigt
uns ihre dunkle Rückseite. Der Mond flieht und
lässt die Gezeiten im Stich.

Welche Pracht hängt da an der Wand. Kano-
nenfutter einer liebenden Frau.

Auf dem Wannenrand sitzt eine gute Fee und
stottert ihre Gebete   und
Flüche in das halbvolle Leben.

Der Meister zieht seinen Bademantel aus und
bedeckt ihr Angesicht zu Angesicht.

Bruder Zwerg, Vetter Ratte, Onkel Rattenfän-
ger; entledigt euch der Masken.

Spiele bei deiner Geburt die Flöte. Pan muss lächeln, fängt die Piraten und vergewaltigt Chloe.

Ihr Innenleben richtet sich auf. Blicke in famose Welten. Wallende Lappen in Rot getränkt. Wollende Lippen im Blut. Generationentröster.

Träumelein du schelmisch Kind.

Bruder aller Weisheit. Mutter aller braunen Zwerge mit Kannen unter den Büschen, zwischen Ordnung und Rattenfänger.

Vom Fenster aus beobachtet – beim Rasieren geschnitten und den schlanken Hals durchtrennt. Krähen zerhacken die albernen Ideologien. Siegerkränze werden vor der Schlacht geflochten. Klingen aus strahlendem Stahl die sich im blanken blitzenden Auge spiegeln. Der Kater ist tot.

Die Mutter spuckt Blut. Und überall Seelen im bürgerlichen Gewand.

Demiurg, Demiurg, hebe deinen heiligen Arsch
in andere Gefilde. Schäle Äpfel. Doch halte
dich vom Leben der Fänger, Treter, Schneider
und Zwerge fern.
Lange weiße Nächte
Lange kahle Äste
Der Menschheit Auge bricht

U-Bahnliebe

Ein scheuer Blick
im Fenster des U-Bahnwagens
verstohlen
auf Umwegen empfangen
Schüchtern suchend
das Dunkel
und das Antlitz
ins Glas geritzt

deutlich

Zaghaftes verliebt sein

im Spiegel der dunklen Tunnelwände

Dann,

im grellen Licht des Bahnhofs

verschwunden das Bild

der Hintergrund hell und leer

das blasse Gesicht

die dunklen Augen

in die Finsternis der Phantasie

getaucht

Die Türen der Bahn öffnen sich

und ein leiser Schatten

huscht

in eine andere Welt

Ein janz langer Weg

Es war ein langer Weg vom Einzeller

Zum Zweizeller

Aber wir gingen ihn biologisch korrekt

Alternativlos und logisch

Der Anfang war gemacht

Was dann passierte nannten wir Evolution

Entwicklung ohne Ende

Immer weiter und weiter

Janz zielstrebig

Es war ein langer Weg vom Neandertaler

Zum genmanipulierten Lebensmittel

Aber es hat sich gelohnt

Hier stehen wir nun

Auf diese Stufe haben wir es geschafft

Großartig

Wir sind gestartet und endlich angekommen

Der Olymp

Janz weit oben

Es war ein langer Weg vom Paradies

Nach Tschernobyl

Aber es hat sich gelohnt

Das haben wir verdient

Wer hätte das gedacht

Adam nicht und Eva erst recht nicht

Aber wir haben nie aufgehört

An uns zu glauben

Janz fest

Es war ein langer Weg von der Keule

Zum Friedensnobelpreis

Aber wir sind ihn gegangen

Zielstrebig. Bergauf, bergab

Hätte uns keiner zugetraut

Nur wir, wir waren immer zuversichtlich

Immer nach vorne

Nie zurück

Janz geradeaus

Es war ein langer Weg vom Schweigen

Zum ersten Wort

Aber wir haben gesprochen

Gedanken erzählt und Lügen

Es war ein harter Kampf

Endlich den Mund aufzumachen

Erst reden

Dann schlagen, dann töten

Janz menschlich!

In mir ist nichts

In mir ist nichts

nur-

das lästige Geräusch einer Pumpe

nur-

ein schaler Geschmack

vom Vortag

nur-

eine kleine Sehnsucht

nach morgen

nur-

ein bisschen Wille

zum Sein

nur-

ein scheuer Blick

auf dich

nur-

ein treuer Glaube

an Ideen

nur-

ein letzter Schmerz

im Herzen

nur-

ein großer Drang

nach Seele

nur-

ein ewiges Suchen

nach Liebe

Sonst nichts!

Abschied Kapelle 11

In Liebe nehmen wir Abschied

Ich beklage den Tod meines Mannes

Mein Sohn wurde jäh aus unserer Mitte gerissen

In unseren Herzen wirst du immer weiter Leben

Du bist viel zu früh von uns gegangen

Unsere Mutter ist gestorben

Wir danken für ihre Güte und Wärme

In Liebe und Dankbarkeit

Danke für die glückliche Zeit mit dir

Wir werden dich nie vergessen

Wir sind unendlich traurig

Unsere Liebe begleitet dich

Wir haben oft gelacht und gefeiert

In tiefer Trauer

Warum müssen wir so früh Abschied nehmen

Du warst uns Freund und Vater

Das Wort Zuverlässigkeit

Trägt deinen Namen

Niemand der auch ein schlechtes Wort sagen

könnte

Alle sind voller Liebe zu dir

Und voller Achtung vor deinem Leben

Du wirst uns fehlen

Dein Platz bleibt in unserer Mitte

Wir bleiben uns nah

Wir lieben und vermissen Dich unendlich

Du bist gegangen, wir folgen dir nach

Darauf kannst du dich verlassen!

Wo werden eigentlich die Arschlöcher beerdigt?

Genesis op.73

Menschen sind widerwertig. Nur Frauen mit großen Nasen sind nicht widerwärtig.

Ich stehe an der Bushaltestelle und sehe die Frauen. Frauen mit großen Nasen. Ich finde Frauen mit großen Nasen erotisch. Wie Ausrufezeichen stehen die Nasen im Gesicht. So fest und stark.

Ich sehe Vögel an der Bushaltestelle. Die suchen Futter und fressen. Sie fressen und schlafen irgendwann. Nachts. Vielleicht.

Dann suchen sie wieder. Fressen und pflanzen sich fort. Die Vögel suchen, fressen, pflanzen sich fort und schlafen. Tag für Tag. Dann sterben sie. Irgendwann.

Die Menschen machen noch andere Dinge zwischendurch. Außer fressen und fortpflanzen

und sterben. Menschen bauen Bushaltestellen
und Busse. Diese holen die Frauen mit den
großen Nasen von den Haltestellen ab und las-
sen die Vögel zurück.
Der Bus ist Rot. Mit weißer Schrift und einem
lächelnden Mund am   Bug und am Heck. Bug
und Heck
gehören zur Seefahrtsfachterminologie. Wir
sind schließlich in einer Hafenstadt.
Die Tauben haben das Dach des Busses vollge-
schissen. So wie sie die Haltestellen auch voll-
gekackt haben. All' die Krümel die sie finden.
Von den Menschen verloren. Alles wieder raus.
Im Bus sind Masten. An denen können sich die
Menschen
festhalten wenn der Bus allzu sehr schwankt.
Noch mehr Seefahrtsromantik. Oder festbin-
den. Damit der Gesang der Sirenen ihnen nicht
gefährlich werden kann.

Die Masten schwanken. Die Menschen auch.

Manche von den Leuten reden. Auch die Frau-

en mit den

großen Nasen. Jedoch nicht mit anderen Men-

schen. Sie können nicht mehr miteinander re-

den. So von Angesicht zu Angesicht. Nur noch

gegeneinander. Rücken an Rücken.

Die Welt ist in ihrer Stille sehr laut geworden.

Wo sterben eigentlich die Vögel? Wo werden

sie begraben? Oder werden die Leichen gefres-

sen. Gleich weggefressen

bevor der Mensch sie zu Gesicht bekommt. Ja,

so wird es sein.

Die Frauen mit den großen Nasen sitzen im

Bus am

Fenster und sehen auf die Straße, die unter

ihnen

vorbei fährt. Wie jeden Tag auf dem Weg zur Arbeit sehen sie auf die Straße. So, als würden sie neue

Erdteile entdecken.

Wie gerne würden sie neue Welten erobern. Mit ihren Blicken. Ausziehen würden sie die Einge-borenen mit ihren Blicken und ihren gefiederten Händen. Sie würden nicht nur stieren. Nein, in jede Richtung würden sie ihre Triebe laufen las-sen. Treiben wie eine Insel, die sich vom Rumpf der Erde losgerissen hat und wild im Meer treibt. Immer weiter treibt. Immer weiter weg. Und doch kaum von der Stelle kommt. Diese Insel mit den scharfen Weibern. Die nicht nur gaffen wollen.

Die Vögel folgen dem Bus nicht. Sie finden ge-nug in

der Umgebung. In den Abfalltonnen. Überall liegen Menschenreste. Überall liegt ehemaliges.

Die Welt ist voll von Ehemaligen. Und doch scheint sie leer zu sein. Geradezu spartanisch eingerichtet. So wie ein Zuhause im Universum eben. Nach meinem Geschmack.

Wenn ich die Schere aus der Hand lege, habe ich immer das ungute Gefühl auf meinen Bart zu treten. So weit ist es mit mir schon gekommen.

Der Bus hält an einer Ampel. Die Farbe Rot. Ohne Schrift. Ein Zeichen eben. Sonst nichts. Bedeutungsschwanger. Die Farbe macht's. Sie richtet den Hintergrund. Sie ist alles. Wir fahren weiter. Nicht mehr rot. Wir dürfen uns der Welt weiterhin entgegen bewegen. Wir gehen einen weiteren Schritt auf sie zu. Auf alle. Wir. Im Bus sitzen oder stehen und schwanken. Sich krampfhaft an den Masten festhaltend. Kinderwagen werden in die Schneise geschoben. In der Mitte des Busses. Dort, wo in der

Regel am meisten Platz ist. Die Kopfhörer in den Ohren spielen in die Muschel. Und der hörende wird taub.

Die Kinder in den Wagen liegend schreien.

Schreien lauter als alles andere auf der Welt.

Diesseits des Äquators. Nur Diesseits. Jenseits gibt es keine Schreie mehr. Nur noch stumme laute. Ohne Muschel und Kopfhörer. Der Mächtige

spielt dann seine Lieder. Die leisen.

Die großen Nasen stehen auf und streben in die Restwelt. Wie Ausrufezeichen. Die etwas ausrufen wollen.

Etwas brüllendes. So stehen sie und warten auf ein einfaches zischen.

Dann sind sie da draußen. Sie wirken immer noch sehr erotisch. Aber irgendwie noch Aufregender als vorher. Vielleicht weil sie jetzt so

weit weg sind. Da draußen. Irgendwie ist jetzt
alles anders.

Das zischen wirkt ein zweites mal nach. Und
das Schwanken erneuert sich. Die Masten stür-
zen über die Leichen der verstrichenen Zeiten.
Erotischer wirken sie. Ja. Viel erotischer. Man
möchte in ihrer Nähe sein. An ihrem Rockzipfel
vielleicht. Ja. Man möchte
an ihnen hängen. Festgestrickt. Reine Handar-
beit. Wie eine Trillerkette Beethovens in seinem
fünften Klavierkonzert. Zweiter Satz. Langsa-
mer Satz. 15 Triller hintereinander gewebt.
Verwoben in etwas erhabenen. Etwas herrli-
chem. Kaiserlich.
Ja, endlos Trillern. Locker. Die Finger gespreizt.
Die nächste Haltestelle ist so etwas von total
voll gekackt. Irre. Obwohl man keine Vögel
sieht. In der Luft nicht und nicht im Meer. Nir-
gendwo sind Vögel.

Nirgendwo ist Leben. Nur Menschen sitzen, lesen und lassen sich kommentarlos transportieren.

Vom Baum geschüttelt. In den Bus gefallen und mit SMS gefüttert.

Eigentlich sollte da mal ein großer Arsch kommen und die ganze Welt zu scheißen. So richtig auf die Haltestelle kacken und dann den ganzen Mist ins Universum schieben.

Die Anderen besitzen noch die Frechheit und Atmen ununterbrochen. Die merken gar nicht wie sehr sie die Luft verpesten. Manche berühren einen auch. Ziellos. Einfach so. Ich halte die Luft an und nehme mir vor Augenblicklich zu duschen. Die Klamotten werde ich verbrennen.

Wenn mich wenigstens Großnasen berühren würden. Ja dann. Aber nein.

Was soll ich mit berührten Klamotten. Sehr sinnlos. Sehr entkleidend.

Ich friere bei dem Gedanken.

Es ist Winter und die Möwen kommen in die Stadt. Am Meer

gibt es nicht mehr genug liegen gelassenes.

Drum fliegen sie zu

den Haltestellen und verunreinigen

alles. Auch die Schilder und die Hinweise in den Schildern.

Hin und wieder pissen die Hunde den Leuten

welche die Hinweisschilder lesen wollen an die

Beine und fressen Möwen die es nicht geschafft

haben. Verhungern oder gefressen werden. Wie die Dichter.

An den Fenstern in den Bussen kleben die Ge-

danken der Insassen und spuken im zischen der

sich öffnenden oder schließenden Türen.

Die Wildgänse sind in der Luft. Sie kommen

zurück. Aus dem Süden. Über Gibraltar sind sie

geflogen. Die Möwen sind unbeeindruckt vom

Geschrei ihrer Artgenossen. Sie kümmern sich nicht im geringsten um die viel zu großen Vögel am Himmel. Die Möwen müssen überleben. Sie müssen fressen. Fressen suchen. Menschen suchen. Haltestellen suchen.

Es kann nicht sein, dass wir alle so getrennt sind voneinander. Wir sind doch alle aus dem gleichen Loch. Oder? Keiner von uns ist anders als der andere.

Die Steine erheben sich zwar zu riesigen Gebirgen, sind aber doch genau so winzig und unbedeutend wie eine Amöbe. Keine Sonderrechte für Berge. Das kommt nicht in Frage.

Wenn der Bus stoppt, und die Schritte dröhnen, verschwinden die Vögel für einen kurzen Moment. Sie lassen sich in den umliegenden Zweigen nieder oder auf irgendwelchen Simsen irgendwelcher Häuser. Dann beobachten sie die

Leute und warten. Sie warten auf ihren Mo-
ment. Selbst wenn ihnen der Schnabel mit Kau-
gummi zuklebt. Sie müssen fressen.

Der gegenüber von mir hat nicht einmal ge-
sprochen während der letzten 15 Minuten, ob-
wohl er pausenlos ein drahtloses Telefon an
sein Ohr drückt. Er macht nur die Miene zum
gehörten. Als ob der andere das sehen könnte.
Er lächelt oder nicht. Aber er spricht nicht. Er
hat das nonverbale Perfektioniert. Mobil telefo-
nieren ohne ein Wort zu sprechen. Der absolute
Gipfel des unpersönlichen. Es fehlt nur noch,
dass sich der nicht sprechende in Luft auflöst.
Er wäre perfekt! Ein nichtssagender, blutleerer
in die Luft gepusteter Zeitgenosse.

Er steigt aus, geht an der Bug Seite des Busses
über die Straße, wird von einem LKW, ge-
schätzte dreißig Tonnen, erfasst und 10 Kilo-
meter durch die Luft geschleudert. Das Mobil-

teil hat den Flug unbeschadet überstanden. Die Stimme am anderen Ende spricht immer noch.

Der Nichtexistente hat sein Nicht sein auf den Olymp getrieben.

Was wohl morgen darüber in den Zeitungen stehen wird?

Handys stabiler als ihr Ruf? Oder so ähnlich.

Die Wildgänse sind längst weiter gezogen. Sie nahmen den Vorfall nur am Rande wahr. Die Krähen hingegen haben die Flugbahn des Nichts sehr genau beobachtet.

An dieser Stelle ist es mir ein unbedingtes Anliegen Johann Gottlieb Fichte zu zitieren. Dieser schrieb – Warum muss mein Herz trauern und zerrissen werden, von dem, was meinen Verstand vollkommen beruhigt? – Fichte Ende!

Nun ja, die Wildgänse waren längst am Horizont verschwunden und

der Flieger hat die Augen geschlossen.

Für immer. Obwohl, man weiß ja nie.

Dann taucht in meinen Gedanken Nietzsche auf – Hast du eine große Freude an etwas gehabt, so nimm Abschied! Nie kommt es zum zweiten Mal! – Das war Friedrich der Frauenversteher. Weiter hinten im Bus saß einer der las, so konnte ich auf dem Umschlag lesen, Charles Bukowski. Wie konnte einer, so dachte ich, glatt rasiert sein wie ein Babypopo, gepflegte Fingernägel und dann Bukowski lesen. Das ist ungefähr so als würde der katholische Priester seine Sonntagspredigt über Schrödingers Katze halten.

Hinter ihm saß einer dem tropfte der Schnodder aus der Nase auf die Financial Times. Ich verstand die Welt nicht mehr.

Welcher Tag war heute eigentlich. Mittwoch. Scheiß liberaler Tag. So'n typischer Paulskir-

chenpennertag. Zwischen den Wochenendstüh-
len.

Ich hielt mich am Masten in der Busmitte fest
und dachte, wenn der

Kutscher jetzt scharf bremst, gehe ich durch die
Frontscheibe wie ein Torpedo und versenke
den LKW vor uns. Wie die Titanic versenkt
wurde. Mal sehen was dann passiert.

Vielleicht bricht ja wieder ein Krieg aus wie da-
mals nachdem ein deutsches U-Boot die Titanic
im Atlantic versenkt hatte. Von wegen Eisberg.

Die Luxuskarosse wurde von einem Torpedo
erwischt.

1500 Seelen ersoffen. Einige Jahre später ver-
reckten

15.000.000 Portionen Kanonenfutter auf den
Schlachtfeldern Europas. Die späte Rache der
Titanic Eigner. Auf dem Eisberg   damals
prangte mit Sicherheit das Eiserne Kreuz.

Der Typ schob seiner Freundin die ihm im Bus gegen- über saß seinen langen Regenschirm zwischen die Beine.

Er fummelte ausführlich mit der Spitze des Schirms in ihrer Muschi herum. So oder ähnlich war mein Eindruck.

Sie verdrehte die Augen. Die Dinger hüpfen ihr wahrscheinlich aus den Höhlen, wenn er jetzt noch den Gottverdammten Schirm aufspannen würde. So dachte ich. Niemand im Bus außer mir schien dieses perverse Treiben zu bemerken. Ich habe einen Blick für derlei Dinge.

Die junge Frau neben den Beiden, war mit ihrem Handy beschäftigt. Sie rotzte etwas von Fieber, Kopfschmerzen und fürchterlicher Erkältung. Während sie das ins Mobilteil faselte, zog sie permanent ihre Rotze die Nase hoch und schluckte diese fast schon genüsslich runter. Das ganze spülte sie dann mit einem Schluck Milch aus dem Tetrapack nach.

Ich bekam Hunger.

Hatte noch nichts gegessen heute.

Obwohl die Wildgänse schon einige Kilometer weiter geflogen waren,

traf jetzt erst ihre Scheiße die sie in großer Höhe abgelassen hatten den Bus. Klack, klack, klack…! Ich denke eine gute Gelegenheit die Relativitätstheorie zu erklären. Wie das Licht der Sterne welches für uns sichtbar ist und doch von Sonnen stammen kann die seit Milliarden Jahren erloschen sind. Ebenso könnten die Gänse lange verreckt sein und ihre Scheiße trifft uns immer noch!

Irgendwie hatte sich, während ich in meinen Gedanken versunken war, eine Frau neben mich geschoben. Ich taxierte sie blitzschnell. Das war eine von den Weibern deren Hässlich-

keit einem erst nach dem zweiten Pimpern auf-
fiel. Dann war es aber meistens zu spät. Die lie-
ßen dann nicht mehr los. Wie angeleimt. Das
war die Sorte Frau die fähig war einem im
Schlaf den Bammelmann mir einem elektri-
schen Küchenmesser abzuschneiden. Nach dem
Motto, wenn du mich nicht mehr pimpern
willst, sollst du auch keine andere
mehr haben.
So `ne richtige Sau halt. Ich knickte leicht in
den Knien ein und atmete tief durch.
Ich steige an der nächsten Haltestelle aus und
gehe den Rest des Weges zu Fuß.

Gottes Werk

Gott hat hier sein Werk getan.
Er befindet sich Zurzeit im Pferdekopfnebel
und kümmert sich um Einzeller!
Auf das irgendwann einmal
Zweizeller aus ihnen werden.

Kurz hinter Hamburg

Kurz hinter Hamburg
Die ersten Tränen
Dicke Schläuche
Des Abschieds

Unpassierbares – doch Wege

Faules Nass, links und rechts

Auf Ufern gleich Straßen

Die uns führen

In Anderes

Doch schleppend nur

Und dankbar für jede Ignoranz

Bestellen wir unsere Eile

Türme verschwinden

Masten stürzen

Blinzeln liebe Erinnerungen

Und dann,

die erste Schwenkung

wir verlieren

Sinne und Realität

Aber festhaltend

Geht es weiter in Träumen

Und Überlegungen ob auch alles so war
Oder vielleicht andere Bahnen
Uns besser gesinnt wären

Kurz hinter Hamburg
Stecken Universen im Stau
Und lecken ihre Wunden
Ausschau haltend nach Türmen
Brücken und Masten

Doch die erste Biegung
Macht blind! Und leer!

Kutte

Draußen vor deinem Fenster

Wenn der Regen

Die Luft verwüstet

Und der Sonne ihre Strahlen entreißt

Beten die Mönche

Mit gefalteten Händen

In ihren Schößen

Und schließen Wunder nicht aus

Und erwarten Fruchtbarkeit

In den Wüsten

Und in ihrer Gedanken Finsternis

Weil sie ihre Blöße bedecken

In Scham

Weil sie frieren

In Gottes Gewand

Weil sie sich vergehen

In ihrer grenzenlosen Scham

Weil sie nun doch sterblich geworden.

Sünden feucht, und bleich und zitternd

Vor unseren Fenstern stehen

Und ihre knorrigen Hände erheben.

Dabei fluchen und schreien

Wir sind nicht so wie ihr. Wir nicht!

Der Mensch im Schacht

Leises,

spinnenbeindünnes Geräusch

Nichts

Wegelagerer der Ruhe

Allmutter

Blütenweiß, zärtliche Sphären

Taubstumm und ohne Erinnerung.

Allmorgendlich

Finden wir winzig zerstäubtes

Verletzt.

Die kleinste Bewegung zerstört.

Anschmeicheln

Kosend und entzückt

Weder Dunkelheit

Noch Licht

Nur fiebriges glimmen

Durchpulsen

Weder Wind noch Stille

Nur fragende Blicke

Gerichtet nach oben

Tastend

Klebrige breiige Finger

Die sich mühelos

Nachlässig bewegen

Um dann an Gliedern

Einzuschlafen

Kein Hauch der Gedanken

Nur matte Träume

Perlmuttgriffartig

Streichelnd

Kaum befingernd

Nur Gefühl

Behorchend

In Lehm und Ziegel

Speichern

Kein Wort mehr

taube Gedanken

ranken am nebligen

Gespinnst aus

Glaube und Sehnsucht

Aus der tiefsten Tiefe

Rufe ich

Leise

Schüchtern

Sprachlos.

Im Dunkel

Tief im Innersten

Ganz in mir drin

Bin ich

Nur ich

Auch wenn andere mich nicht sehen

Wie ich bin

So bin ich doch im Innersten

Ganz weit weg von euch

Aber Seiend

Fühlend

Liebend

Flüsternd

Und schreie und

Weinend

Und lachend

Ich bin

Weil ich fühle

Nicht mich

Nicht euch

Nein

Alles

Der 50iste Sommer

Der Sommer war gekommen.

Ganz plötzlich und wendig.

Mit Sonne und Regenbogen.

Mit Wind und Sand und Meer.

Der Sommer war gekommen.

Einsam und verlassen

Drängte er sich auf.

Mit Wärme und langen Tagen.

Der Sommer war gekommen.

Brachte neue Hoffnungen und Pläne.

Mit Nebel und grünen Wiesen.

Mit einem lachend prickelnden Gesicht.

Der Sommer war gekommen.

Mit glänzendem Morgen

und lauer, feuchter Nacht.

Enthaltsam und doch voller Gier.

Der Sommer war gekommen

Erstickte Winter und Frühling

mit seiner Helligkeit.

Zärtlich und kräftig zugleich.

Der Sommer war gekommen.

Und verschlang mit seinem Grün

liebevoll erwürgend

sämtliches Leben

Der Sommer war gekommen

Der letzte Sommer

Die sterbende Sonne

im Abendrot

des fünfzigsten Sommers

Der Sommer war gekommen

Um Abschied zu nehmen

euer letzter Sommer

vom letzten Gesicht der Sonne

der letzte Blick auf mich!

Der letzte Begriff

Der letzte Tag im feuchten Moll. Es klingen

keine Töne keine Beleidigungen aus den Hauseingängen oder von den Fenstern runter wird gerufen...heute nicht. Es ist so still auf der Welt, als ob alle gegangen wären, nicht mehr da sind. Ich fühle die Einsamkeit in meinen Nerven und zittere am ganzen Leib und an der Seele. Der letzte Schuss ist verklungen. Die Tat getan. Nun sind wir allein.

Gestern noch oder war es an einem anderen Ort? Auf einem anderen Planeten vielleicht? Oder doch in einer anderen Stadt gleich hinter dem Rand. Dort wo die Scheibe aufhört und die Leiden anfangen. Dort wo jeder Ketzer widerrufen muss.

Gestern noch gingen wir im Gleichschritt der Gedanken auf und ab und auf und ab und erbrachen uns in jeder Runde aufs Neue. Musik erklingt und ich höre deutlich die Trompetensignale wie bei Mahler dachte ich bei mir. Es müssen Soldaten in der Nähe sein. Jene Zermürber. Jene Gleichgeschaltete. Es müssen Soldatenweiber in der Nähe sein. Jene Kanonenfuttervermehrer. Es müssen Geschütze in der Nähe sein. Jene billigen, aus dem Supermarkt, die in jeder Preisklasse zu haben sind, überall für Jedermann. Jene Geschütze, die Krater hinterlassen in der Erde und in den Leibern und Köpfen.

Kein Schuss. Nichts regte sich auf der Welt mehr. Alles war einsam und abwesend.

Ich fuhr die Straße entlang und betrachtete die Vergangenheit der Erde und die Zukunft der Leichenberge. Ich hatte Angst. Wollte fliehen.

Doch ich hatte keine gute Idee wohin.

Alles war weg. Leere Erde, leeres Sonnensystem, leeres Uni-versum, leere Notenblätter. Ich konnte die Sinfonien Beethovens nicht finden. Die Blätter die er einst beschrieb sind leer. Keine Gedanken mehr. Keine Geister mehr die am

Leben erhalten. Die Bilder die gemalt wurden, sind in ihren Rahmen verschwunden. Nur noch nackte Umrandung. Die Bäume haben ihr Grün verliehen oder verloren. Ich suche nach Bäumen und ich finde Begriffe. Nichts ist mehr. Ich verbeuge mich tief und sehe auf den Brettern der Welt die Zukunft im Kaffeesatz.

Um mich verklingen die Töne tausender Generationen. Ge-räusche nur noch. Abfallende Fäulnis. Die Blätter atmen und hauchen ihre Seelen aus und verdunsten im Morgengrauen welches einen langsam beschleicht wenn man über alles nachdenkt. Wie konnte das alles passieren? Ist das wirklich wahr? Und ich gehe auf die andere Seite.

Ich sah Ludwig am Geländer der alten Brücke stehen und ging auf ihn zu, frech wie ich war und fragte ihn nach den Dingen die er so erfahren hat über das hier alles. Er sagte er denke über eine neue Sinfonie nach und spuckte über das Geländer genau in das Auge des Wals der langsam von dannen zog weil er ein traniges Gefühl bekam und sich deshalb entschloss. Ludwig lachte los. Hätte ich gezielt, ich hätte das Auge nie und nimmer getroffen. Der Wal zog und zog fort. Ludwig schrieb seine Noten von neuem aufs Papier – ich will's noch einmal versuchen schrie er ins Universum hinaus. Er stampfte mit den Beinen auf den Boden der Brücke und die schwankte von links und Ludwig hatte den Einfall dieses schwanken als Motiv für seine neue erste Sinfonie zu verwenden. Und Ludwig schrieb alles auf so schnell und so und er machte keine Pause. Auch nicht, als die Brücke nicht mehr schwankte und alles wieder totenstill wirkte. Die Einsamkeit hatte mich wieder. Mit den Blättern einer neuen Sinfonie in der Hand zog ich weiter wie der Wal.

Ich ging ans andere Ende, immer die Sinfonie
pfeifend und summend und singend.

Ab und zu hörte ich aus der Ferne Ludwig der
mich laut ru-fend korrigierte. Er war ein guter
Kerl und nun starb er wieder und viel zu jung.
Der größte Sinfoniker mit nur einer Sinfonie im
Ärmel. Wie armselig er wohl hintrat. Vor das
Angesicht. Das einzige noch funktionierende
Angesicht.

Das zischeln der Schlange um seine Beine woll-
te er nicht vernehmen. Er ließ sich nicht verfüh-
ren. Nein er nicht. Er war stark. Vierzig Tage
lang. Stark.

Eine tolle Besetzung mit allerlei Getier. Doch
wo bleibt der Mensch? Wo zum Teufel bleibt
der Mensch? Welches Pro-gramm liegt dieser
Sinfonie Zugrunde? Wer schreibt nun nach
meinem armen Ludwig weiter am Werk der
Schöpfung, wie immer sie auch passiert sein

mag? Ich traue mir nichts mehr zu. Auf derselben Seite wie ich geht noch einer in meine Richtung. Er schreit unablässig irgendwelche Gebete zum Himmel. Ich höre nur -Gott sei mir gnädig-Gott erbarme dich meiner! Immer wieder und wieder versucht er sich rauszureden aus aller Pein und Not. Soll er doch beten. Ich habe anderes zu tun. Ich muss weiter, viel weiter als nur zu einem Gott. Ich suche nicht. Ich bete nicht!

Der erste Schuss galt doch einem der vielen Götter. Und jetzt wo alle gegangen sind soll ich beten? Nein ich fliehe lieber! Die ersten Versuche.

Aus Träger und keuscher Nacht werden zaghaft Farben die verquollen Ihre Augen aufschlagen und Wiesen benetzen

Der Schrei der Frische. Aufblühende Stimmen geboren aus dumpfer Stille. Der Stein vom fließenden Grün umworben und doch so unnahbar und einsam. Ich fühle jeden Gedanken in dieser unmenschlichen Stille. Der Mond ist noch da und bescheint die Metamorphosen. Langsam nur, ganz langsam rekelt sich der letzte Tag aus der Dunkelheit in ein unwirkliches Licht voller Gestern. Meine Gedanken sind zu Ende. Es existiert nichts mehr. Kein Ding welches noch eines Namens bedarf. Das Lied hatte so viele Strophen. Vielleicht wurde am Ende doch eine zu viel gesungen. Ludwigs Sinfonie im strengen Satz. Es sind vier Sätze.

Klassisch eben. Welch unromantisches Ende. Irgendjemand hält mir den Mund zu. Mein letzter Griff fasst ins Leere Uni-versum. Wo eben noch Planeten kreisten, ziehen nun Schlei-erwinde vom Horizont zum Abgrund. Dann ist's aus.

Spiel der Zeit

Was wissen wir,
die wir unten stehen
im Trubel
im Taumel;
Was wissen wir,
die wir laufen lernen
mit Schritten
groß und
ausladend;
Was wissen wir,
die wir sprechen können
und schreien -
drohend;
Was wissen wir,

die wir denken können

und handhaben

mit Ergebnissen

und Sinnen

und Reizen;

Was wissen wir,

die wir alles

lernen können

und lehren können;

Was wissen wir,

über das Spiel

der Zeit.

In einem geschlagenen Land

In einem geschlagenen Land
leben geschlagene Menschen
und schlagen
die Zeit
tot.

Dein Gott

Es wird mich so vieles
an dich erinnern.
Die versetzten Berge,
die verbrannten Buschwindröschen.

Unter den Dächern,

die zarten Glocken

der Sanftmut.

Über den Pflastersteinen

die Glut deiner Schritte.

Wir sind dieser Welt

entgegengekommen,

ohne zu verlangen,

ohne zu fordern.

Ohne die Hand zu heben.

Keine Knospe wurde zerbrochen,

nur Düfte gezähmt.

Die Schläge der Götter

blitzten in unser zartes Kosen.

Der Schrei des Donners

verdammte uns.

Wir änderten unsere Wege,

verbargen unsere Gesichter

unter Kutten und Kopftücher

und verblassten

im kalten Grau -

der anderen.

Abendlied

Duftnote Jasmin

Wilde Jagd der Gestirne

(Sputnik rammt Apollo 6)

Unter uns der Planet

Über uns die Sterne

Und zwischen den Ästen

Die Gier nach Blattgrün

Jetzt soll sich unser Gott verwandeln
Er hat es versprochen
Leise will ich schlafen gehen…

Im Dunstkreis der Elefanten
Tauchen immer Jäger auf
Beten lernten sie nie
Nur fluchen
In alle vier Richtungen

Intensiver wird der Duft
Beim Schließen der Fenster
Unbeteiligt

Duftnote Supernova
Große Punkte zwischen den Ästen

Aber rot

Nicht zu gebrauchen für Planeten

Das Brechen des Elfenbeins

Aus den Schädeln

Die Kraft der explodierenden Sonnen

Kein Tier wurde gerettet

Duftnote Aasgeier

Die vier Beine in der Luft

Den Sonnen entgegen

Die da explodieren

Ohne sich nieder zu legen

Auf diesen Welten

Existiert kein Weiß

Kein Schuss

Kein naiver Geruch

(Sputnik rast auf die Erde zu)

Vier Säulen stemmen sich gegen den Mond

Mit Gott und allen Veränderungen

Schlafe mein Kindlein, schlaf ein…

An meine Vergangenheit

Im Hintergrund regen sich

Efeu beladene Zungen

Und lecken ihre Wunden

Die sie aus der Not geboren

Sich in ihre Kammer stellen,

und mit Leitern die zu erreichen

die Abseits der Lampen

die Herzen bewegen

und Spannung in ihre Kunst

und unsere Schmerzen versenken

und nach Jahren der Teilnahmslosigkeit
wieder auferstehen.

Der Geruch des Abschieds

Ein leises Lächeln nur
im dunklen Raum;
Ich verbeuge mich
altersschwach....tief
und sehe zu meinen Füssen
eine Rose –
zärtlich
verdarbend.

Der tiefe Fall
in Demut;
vor der Sekunde,
die angefüllt

mit Hoffnung und Triumph

auf stumpfen Brettern

neben Rose und Leere

zerbricht.

Die Angst vor dem Danach

Angst vor dem aufblicken,

leere Gesichter zu sehen

und Körper ohne Hände -

die letzte Blume.

Unfähig der Bewegung;

Verharrend in ausdruckslosem Spiel;

Den Blick fiebernd in den erleuchteten Raum

haftend an leeren Stühlen

und nackten Säulen -

die Mimik des letzten Aktes.

Der Vorhang ist gefallen!

Die Zeit hat den Augenblick überwunden.

Was bleibt,

ist der schale Geruch des -

Abschieds!

Dereinst zurück…

Dereinst zurück ins Firmament

Dorthin wo meine Prinzessin

Seit langer Zeit begraben liegt.

Dorthin wo meine Suche nach ihr

an jeder Zeit zerrinnt

Aufgerieben und zersprungen

Nichts was schwerer wiegt

Alles nackt, gleich ungelungen

Dorthin wo vor aller Zeit

Die Reise immer neu beginnt.

Vor meinem und vor deinem Leben

Bevor die Dunkelheit

Dem Lichte

Seine Macht gegeben.

Liegt sein letzter Wille

Der ersten Sekunde

Vor der letzten Stunde

Dereinst beide Seiten gleich

Abgerundet und blitzend

Seit langer Zeit ungenutzt

Wie eine Seele

Die nie gelebt.

Jetzt aber mitten drin

Sonntags Ruhetag

Alles war längst fertig

Jedes Material verbaut

Nur die Frage fehlte noch

Die großen Kugeln waren gebaut
Die Meere mit Wasser gefüllt
Die Berge aufgetürmt
Alle Bäume gepflanzt
Und alles Leben angehaucht

Jetzt sah ich sie liegen
Meine Prinzessin
In ihrem weißen Kleid mit Krone
Auf dem blonden Haupte
So lag sie da
Einsam und ohne Leben

Blass und Barfuß im Firmament
Was macht's, wenn alle Träume ausgeträumt
Wenn alle Schleier zerrissen

Wenn alle Kreuze gezimmert
Und beschlagen sind?
Abgerundet und blank gewienert
Unzeitlich ungenutzt.

Stummheit, Taubheit, Geschmacklosigkeit
Die Attribute des Todes
Das Geschrei bis zum jüngsten Tag
Mit Krone und Segen und Gebet
Am Grabe und im Ehebett
Wo in stille die Liebe erstickt!

Hässlich in der U-Bahn

Du findest dich wohl schön?

Immer in die U-Bahnscheiben geguckt.

Immer hingesehen wie schön man doch ist.

Ich finde dich hässlich.

Die Klamotten sind unmöglich.

Diese solltest du versteckt unter deiner Haut

tragen!

Und dann dieses leichenblasse Gesicht. Das

verspritzt doch nur Langeweile

und Makeup.

Du bist weniger als nichts in deiner eingebilde-

ten Schönheit

und deiner tatsächlichen Hässlichkeit!

Ein Nichts zu sein wäre für dich besser.

Du Krake.

Vielleicht solltest du dir den Kopf abschneiden.

Dann könnte ich mir vorstellen, dass etwas rosiges aus deinem Rumpf fließen würde.

Ein schön anzusehender Fluss von Reinheit entspringend aus einer gierig sprudelnden Quelle der letzten Momente!

Etwas Heiliges entsteht dann.

Mitten in der U-Bahn und alle bewundern dich!

Aber so?

Oh Mann..... tu's einfach.

Mach die Tür auf und strecke den Kopf raus.

Der Gegenzug kommt bestimmt!

Im Gegenzug werden dich dann alle hübsch finden.

Ich versprech's dir!

Echt!

Mach es du Nulpe!

Glotz doch nicht dauernd in die Scheibe.

Stecke deine Birne auf die andere Seite!

Dann bist du endlich der Schönste.

Alle würden dich angaffen und staunen über so

viel Schönheit

und so viel Außergewöhnliches!

Mach schon!

Hutständer auf Brücke

Ich stehe mit steifem Blick auf der Brücke und bezweifle meine und jegliche Zukunft der unter mir hindurch fahrenden Schiffe. Ich sehe ihr dampfen und stöhnen höre ich aus meiner Umgebung die mir Fremd ist und doch irgendwie lieb geworden scheint, auch wenn dies alles trügerisch sein kann. Ich halte Momente fest in meiner Hand umschlossen und behütet erwarte ich die nächsten dunklen Schatten unter der Brücke über den Wassern.

Ich stehe mit steifen Beinen und blicke mit fadem Geschmack auf die Oberfläche der Wasser und der Schiffe und ich weiß, dass unter mir nichts ist außer der steife Blick nach oben auf einen der da steht und sinnlos ist. Ich bedauere nichts, nicht einen Schritt in welche Richtung auch immer ich dabei entgleise. Das Schiff fährt ungebremst weiter ohne aufzublicken auf die anderen, die auf anderen Brücken steif stehen und blicken auf Dunkel und auf die kleinen unsichtbaren Fische im Wasser. Die Fische schwimmen wie die Schiffe belanglos und in eine Richtung. Die Fische können die Brücken nicht sehen. Aber es wurde ihnen von den Brücken erzählt und sie haben gelacht. Ein lautes Lachen im Wasser und an den Ufern und Böschungen. Die spitzen lustigen Schreie der Fische bei dem Gedanken an eine Brücke über Wasser, von links nach rechts, schallte durch das ganze Universum und machte die Planeten aufmerksam. Alle horchten mit großen Geräten in das Dunkel auf das Lachen der Fische und überlegten und rätselten was dies wohl für Geräusche seien. Derweil lachten die Fische weiter über diese dumme Idee der Brücken und schwammen weiter hinter dem Schiff her. Ich konnte das Lachen nicht hören. Ich hatte nicht die Geräte um dieses Lachen zu hören. Für mich waren die Fische stumm und dumm. Meine Beine wurden schwächer und ich hielt mich mit allen Gedanken und mit aller Erfahrung eines langen schwachen Lebens am Geländer fest und meinte ein leises Kichern vernommen zu haben. Auf den Planeten wurden die Geräte auf andere Koordinaten eingestellt.

Denn auch sie hörten dieses Kichern und versuchten nun so manches.

Die Hände klammerten sich an den Rockzipfel und der Zwerg auf der anderen Straßenseite grinste und weinte und schniefte und rotzte sich vor die Betonzehen.

Der Pferdewagen der von ferne auf mich zukam entpuppte sich als Raumschiff, die von den Planeten wollten nachsehen wer da kichert.

Man konnte sich diese Wellenbewegungen des Lachens nicht erklären. Abgetauchte Fische machten sich lustig. Ich erklärte denen von den Sternen, dass dieses Lachen wohl aus den Wassern kommt. Sie ließen mich stehen und flogen nach Hause zu Frau und Kind, zur nächsten Tankstelle oder in einen Blumenladen um noch ein Andenken vom Planeten am Fluss mit zum Pferdekopfnebel zu bringen als Entschuldigung, weil sie beim davon fliegen die Haustür nicht abgeschlossen hatten. Kaum waren sie weg, richtete ich meine steifen Blicke, die auf meine wackligen Beine gesteckt waren, wieder auf das Schiff in der Ferne und ich dachte da könnte ich jetzt auch sein und nicht hier in dieser Situation die mich irgendwie ankotzte und mich Nachts nicht schlafen ließ weil ich so verbittert war und keinen Ausweg mehr wusste. Die Fische schwammen vor und zurück und ich auf meiner Brücke konnte nur links oder rechts. Ich hatte recht. Ich lag richtig die Fische und Schiffe waren falsch drauf. Ha!" Ja, Ha! Ich war richtig gut drauf von links nach rechts und die Fische lachten wieder über diese angebliche Brücke. Von dem Pferdekopf Planeten kam ein lautes RUHE zurück.

Ich glaube die da oben waren es leid, immer diese Geräusche und keiner wusste.

Ich hörte nur noch die Schiffssirene von Ferne und von unten also von Ferne unten und nicht nur von unten oder von Ferne. Ich hörte und hörte und hörte und vernahm den Schrei aus dem Universum als ich das Geländer losließ. Noch im Fall dachte ich, dass doch alles anders aussieht von hier unten. Im Wasser begrüßten mich die Fische mit einer Frage nach der Brücke und ich erzählte ihnen von vielen Brücken und sie glaubten mir nicht.

Aber als ich ihnen meine Füße zeigte und meine Schuhe da-ran, mussten sie erkennen und glauben, dass ich nur nach links oder rechts gehen konnte und nicht vor oder zurück.

Kopfschüttelnd schwammen sie davon immer noch leicht schmunzelnd. Herr Pferdekopf hatte nun die Faxen endgültig dicke. Er schaltete alle Geräte ab. Und ich blieb in meiner Dunkelheit allein. Allein.

Jetzt

Winzige Kleinigkeiten nur
Das Gestern
Verschwendung am Ich
Gelungene Tragödie
Vervielfältigte Grausamkeit
Ewiges Bangen um Nichts
Lasst mich doch hier

Warum Morgen
Warum nicht ewiges Heute
Weshalb diese Aufregung
Um einen Tag?
Vergesst doch die Zahl der Stunden
Seit doch das Jetzt
Begreift eure Unsterblichkeit Heute

Und eure Verwesung Morgen

Kommt zu mir

Ich lasse euch teilhaben

An der ewigen Sekunde

An dem absoluten Sein

An der tiefsten Tiefe des Jetzt!

Geschichte

Der Anfang ist gemacht

Lasst uns nun weiter ziehen

Vergangenes vergessen

Nie dem Rausch der Erinnerung erliegen

Weiterführen was uns einst beflügelt

Zu erwürgen jegliches Gefühl

Die Kälte der Tat

Das Nichts an den Fersen

Verfolgt von der Zukunft

Sich befreien von allen Ideen

Große Männer

Große Geschichte

Abstürzend und verfaulend

In Büchern und Gräbern

Steine die foltern

Und liegen in ihrem Bett

Verständnislose Abfolge von Geschehnissen

Wegbereiter für unser alles

Im Nichts wie im Sein

Sind wir die einzigen Erkennenden

Der Anfang ist gemacht

Lasst uns nun weiterziehen

Und ohne Rausch genießen.

Träume vor unserer Stirn

Draußen, vor deinem Fenster
in aller Eile,
legt sich die Welt nieder
mit Traurigkeit
und einem Auge voller Lust
auf Bäume zu klettern
und den Wind
aus den Blättern zu schütteln
damit er deinen Unrat fort bläst;
in die Hölle deiner Träume.

Unter der Kommode die Beine

Saß sie noch am Spiegel und brach sich in ihrem Haar das schwere Licht der aufgehenden Sonne, welches durch das Zimmer protzte und die entlegensten Ecken im Zimmer ausleuchtete. Betrachtete sie noch die weiße Pracht ihrer Haut und legte sie keine Falten auf ihren Hals, den sie sanft und bestimmt abwärts streichelte. Die Beine standen dabei leblos unter der Kommode. Abgestellt für später. Suchte sie noch den eigenen Blick, in den sie so verliebt war und den sie auf ihrer Haut am liebsten spürte. Sprudelten zwischen ihren Lippen noch Erinnerungen an die letzte Nacht hervor und begannen die Finger ihrer Hände einen Streit um die freie Bürste, die sich vor ihr auf der Kommode wälzte.

Während sie also vor dem Spiegel saß und sanfte Netze sich um ihre Gedanken legten, erfror das Blut in den Adern des Mannes der hinter ihr auf einem kleinen Bett saß und die Hände vors Gesicht schlug beim Anblick dieser winzigen Kleinigkeiten. Ich habe in der sanften Dünung dieses Bettes gelegen. Mit einer Idiotin, die sich einbildet, ihr Ebenbild im Spiegel zu finden. Die sich einbildet durch sanftes reiben ihres Halses die Zeit zurück streicheln zu können. Die sich einbildet, sie hätte zwei Hände mit tausend Fingern, die unbedingt um eine Bürste ringen müssten. Die ihre Beine nicht beachtet, nur weil ihr Spiegel zu klein ist. Die in die ersten Strahlen der Sonne blinzelt und sich einbildet mehr als nur die weiße Nacktheit ihrer Haut zu erkennen. Die das letzte Aufbäumen ihres Blickes für eine zarte Liebkosung hält. Ich habe mit einer Masochistin geschlafen und ihr Liebe ins Ohr geflüstert.

Ich habe ein Laken beschmutzt, nur weil ich mich dazu überreden ließ, ihre Beine beiseite zu legen. Ich fühle mich plötzlich reif, für die andere Seite der Sonne. Ich weiß, dass ich soeben Abschied genommen habe von allen Bürsten dieser Welt. Von allen Spiegeln dieser Welt. Von allen Kommoden dieser Welt mit versteckten Beinen darunter, die mir nie wieder entgegenkommen werden.

Vergessen an Mich

Stand ich einst auf welken Blättern

tiefer Resignation gleich.

Sah ich nun der hellen Blüten

tiefen Strahl -

in mich dringend-

aus mir fluchend.

Versteckte ich mein Gesicht

vor dieser Pracht

und sah zu meinen Füßen

eitle Fäulnis-

so hielt ich doch den

Schein der Sonnen

hinter meiner Stirn;

und mein Denken verwandelte

Fäulnis in Nichts.

Begriff ich nun endlich die Bedeutung,

oder war mir selbst

mein eigener Schein

nur grell

und fremd

und blendend.

.

Der Mensch am Kreuz

Ein Ostergedicht

Wiegt eine rosig Blüte zart im Wind

Sind alle Wege voll und fruchtbar Grün

Der Kutscher von des Bockes Macht

Umsieht der Täler stille Pracht

Verwegene Krähen schreiend ziehn!

Im Wagen liegt im Schmerz das Kind

Bevor das Leben konnt' erblühn

Zerschlug der Sturm mit Kraft

Verschlang, entzog die Stille

Entriss dem Tag die Nacht

Ergoss sich Schwarz in Fülle

Die Blüten dunkel, traurig sind

Sie wollten lieben, trotzig, kühn

Der ihnen einst das Kind gebracht

Hat ihnen ins Gesicht gelacht

Ihr sollt der Liebe fliehn

Nun ist's vollbracht, die Welt ward blind

Nur Kinderaugen glühn

Alle haben mitgemacht

So war's des Vaters Wille

Was blieb uns von der Tages Nacht

Im Totenraum die blutig Hülle!

Wie still

Wie still in mir
Ist diese Welt versunken.
Noch sah ich Sonnen.
Es drängen sacht
die dunklen Strahlen dieser Nacht.

Alles um mich gilt verloren
Alles in mir zittert, bebt
Die Nacht umfängt den Leib
Die Kühle schwächt die Seele
Das nahe Sterben
Beginnt im Leben.
Beginnet Jetzt.

Spiegelgeflecht

Sie steigt hinab und bestaunt sich im Spiegel.
Hemmungslos. Sie stößt mit der Zehe gegen die
Mausefalle, und schnappt mit den Zähnen nach
schwarzen Fliegen in der fetten Luft des Tages
vor glänzendem Spiegel. Aufatmend ringt sie
mit ihrer Persönlichkeit. Gefesselt vom Geruch
des Kellers schlurft sie weiter in die Küche und
schlürft an ihrer Tasse.
Begegnungen wie diese sind recht häufig in ih-
rem Leben. Notwendigkeiten. Fiebriger Blick
im Spiegel. Glatte Oberflächen und Tiefen in

andere Dimensionen. Betrachter. Gaukler einer neuen Erscheinung.

Frühmorgens wenn alle aufgestanden sind und einwärts ziehen, zu ihren Tassen und Bänken.

Fluchten und Spiele. Versteck einer ganzen Generation, die sieben mal sieben. Treppe um Treppe. Sie geht weiter im dunklen Raum.

Flanellvorhänge gesucht und ins Nichts gegriffen. Alle beschweren sich über sie und ihren Fähigkeiten, doch keiner nimmt Anteil. Die Bürste in ihrer Hand mutet fremdartig und widerlich an. Die Demut in einem solchen Falle ist nicht zu übersehen.

Sie steht vor dem Spiegel und flötet durch üppige Schwulst. Kleinlaut.

Niemand vermag zu sagen, wie es weiter gehen soll. Nach dem spiegeln im Zimmer, folgt herrliches im nassen Flur auf der anderen Straßenseite. Jetzt betritt sie und fängt von vorne an.

Sie weiß um ihre Schönheit. Rosig und süß tropft die Jugend von ihrem Gesicht in große und kleine Töpfe aus Farbe und Geruch. Das Spiel mit der Gier nach Leben und Ewigkeit ist einseitig geworden. Der Rock fällt zu weit nach unten. Alles in sich aufsaugend.

Keiner überlebt den freien Fall. Aus welcher Niederung auch immer. Wir sollen doch mit beiden Beinen fest und nicht frei schwebend. Geländer geben Halt und nicht der wacklige Gang zwischen unseren Beinen.

Sie steht am Rande des Spiegels und kann sich nicht sehen. Nicht aus dieser Sicht. Nicht so wie sie gesehen werde soll. Nein, diesen Gefallen wird sie ihnen nicht tun. Keinen Schritt mehr. Stille in jeder Bewegung. Schweißperlen über Glas. Schweißperlen eines Gottesdienstes.

Der Griff in den Opferstock. Verfehlungen wie
diese sind recht selten und nicht immer aufzu-
halten.

Abmagerungskur. Im Hinblick auf die Situation
müssen wir uns einschränken. Nicht bloß reden.

Spieglein, Spieglein an der Wand. Keine Ant-
wort. Tiefe zwar aber doch keine Ruhe. Nur
erbärmliche Abgeschiedenheit.

Ausreden aus vollem Munde gespuckt. Etliche
Treffer auf die pralle Glatze. Jetzt zieht sie am
Saum ihres frei fallenden Rockes. Sie wundert
sich einmal mehr über die Länge der Verarbei-
tung. Solche Mühe mit mir. Ich bin die Schau-
ende und Suchende meiner Zunft.

Später

Dein erster Satz
Weißt du noch?
Wie duftig der Flieder
Wie prächtig das Gras
So hoch die Bäume
Unendlich das Feld
All' das ist passiert
Beim ersten Blick
Beim ersten Kuss
Auf meine Lippen
Dein Arm umschlang mich
Leicht und stark zugleich.

Die Sätze wurden länger
Weißt du noch?
Der Duft, der Flieder, das Gras

Die Bäume wurden Wälder

Das Feld nicht mehr zu sehen

All' das passiert

Nach vielen Blicken

Nach vielen Küssen

Auf unsere Lippen

Dein Arm ist stark und schwer.

Die Sätze sind nicht mehr

Weißt du noch?

Duft, Flieder, Gras, Bäume, Felder

Nichts passiert

Ohne Blick

Ohne Kuss

Dein Arm hebt sich nicht

Dein Blick ist versunken

Meine Lippen schließen sich

Ein letztes mal.

Selbstbildnis

Wie würdest du antworten

Wie würdest du entscheiden

Wie würdest du leiden

Wo würdest du stehen

Wo würdest du liegen

Wo würdest du leben

Die Zeit ist klar

Und sonst...

Nichts

Nichts

Und sonst…

Die Zeit war klar

Wo du auch standst

Wo du einst lagst

Wo du einst lebtest

Wie du entschieden hast

Wie du geantwortet hast

Wie du gelitten hast

Die Zeit wird sein

Und sonst…

Nichts

Bornmuts Fliederjahre

Der Wolkenschlag in meiner Brust

Drängt hin zur Lebensgrube

In der mein Nachtgebein

Aufwärts stürzt – zur Himmelsmitte

Jetzt streichelt mich die Lindenhexe

Schüchtern vorm Altar

Und drängt mich ein ins Gruftgewand

Zierlein; nimmer in geweihter Erde

Weltzer Bornmut, du Hymnus

Du Blauvogel meiner letzten Jahre

Ob unten wir zerträumen – oder lechzen

Meine Fliederjahre sind begraben

Bedrängt von aller Lebensgier

Stammelt nun mein Nachtgebein

Die letzten Hymnen dieser Welt

Und Wolkenschlag

Verschlingt die Fliederjahre

Oh, öffne Kreise – Weltzer Bornmut

Lass alle Blauvögel singen

Bringe mir die Fliederbäckchen

Ob unten hin zur Lebensgrube

In der mein Herz nun freudig schläft.